Bernd Flessner

Peter Schilling

Stefan Lohr

Der kleine Major Tom

Gefährliche Reise zum Mars

Weitere Abenteuer sind in Vorbereitung!

Bernd Flessner

Peter Schilling

Stefan Lohr

Gefährliche Reise zum Mars

Deutsches Zentrum
DLR **für Luft- und Raumfahrt**

Ein besonderer Dank geht an
Herrn Dr. Volker Kratzenberg-Annies
für die fachliche Beratung seitens des DLR

TeSSLOFF

FSC
www.fsc.org
MIX
Papier aus ver-
antwortungsvollen
Quellen
FSC® C043106

1. Auflage 2018
© 2018 TESSLOFF VERLAG
Burgschmietstraße 2-4, 90419 Nürnberg
Alle Rechte vorbehalten
Text: Bernd Flessner
Cover- und Innenillustrationen: Stefan Lohr
Idee/Mitwirkung: Peter Schilling
Lizenz: MajorTon Entertainment KG
Major Tom und *Völlig losgelöst* sind Marken
der MajorTon Entertainment KG
Grafische Gestaltung, Layout: Barbara Heinlein, Uwe Herrlen
Lektorat: Anja Kunze
Redaktion: Silke Neubert, Hannah Fleßner

www.tessloff.com

ISBN: 978-3-7886-4005-7

Dieses Buch entstand in Zusammenarbeit mit dem
Deutschen Zentrum für Luft- und Raumfahrt (DLR),
das den Text auf fachliche Richtigkeit geprüft hat.

Inhalt

Wie alles begann

Der kleine Major Tom lebt zusammen mit seinem
Vater, dem großen Major Tom, auf der Raumstation
Space Camp 1. Seine Mutter arbeitet auch für
die Weltraumagentur, ist aber nicht mit auf der
Raumstation.
Stella ist seine beste Freundin und ebenfalls an Bord.
Ihre Eltern sind bei der Bodenkontrolle beschäftigt.
Plutinchen ist eine Roboterkatze und die treue
Gefährtin von Tom und Stella. Gemeinsam
erforschen sie das Weltall, beobachten die
Erde und züchten Pflanzen an Bord
der Raumstation. Eines Tages muss
der große Major Tom unerwartet
zum Mars fliegen und dort mithelfen,
die Marsstation weiter aufzubauen.

Tom, Stella und Plutinchen bleiben in der Raumstation zurück und sind nun ganz auf sich alleine gestellt.

Doch auch ohne ihre Eltern sind sie erfolgreiche und begeisterte Forscher. Gemeinsam meistern sie den Alltag auf der Raumstation, lösen Probleme und genießen zwischendurch den Ausblick auf ihren Heimatplaneten Erde. Auf den verschiedenen Missionen erleben sie ein Abenteuer nach dem anderen und lernen immer wieder Erstaunliches und Interessantes über die Erde und das Weltall. Dabei helfen sie sich gegenseitig und geben auch in brenzligen Situationen niemals auf.

Ein neuer Auftrag

„Bodenkontrolle an Major Tom!", tönte eine
Männerstimme aus dem Lautsprecher.
„Hier ist Major Tom", antwortete
der kleine Major Tom ein wenig
gelangweilt. Schon seit Wochen
war nichts mehr passiert.
Stella, Plutinchen und er hatten
zwar einige Experimente im
Labormodul durchgeführt, aber
die gehörten zum Alltag an Bord von
Space Camp 1. Noch dazu waren es
keine besonders spannenden Experimente
gewesen.
„Wir haben wieder einmal einen Auftrag für
euch", sagte der Mann von der Bodenkontrolle.
„Wahrscheinlich ein weiteres Experiment?", riet
Tom.
„Stimmt. Etwas in der Art", antwortete der Mann.

„Na gut. Was sollen wir machen?", fragte Tom lustlos. „Eine neue Tomatensorte züchten oder Wassertropfen in der Schwerelosigkeit filmen?"

„Fast richtig", lachte der Mann. „Nein, Spaß beiseite! Ihr sollt ... ihr könnt zum Mars fliegen."

„Ich dachte, Spaß beiseite?", brummte Tom. „Jetzt machst du schon wieder einen Witz."

„Das ist kein Witz", entgegnete die Stimme aus dem Lautsprecher. „Wenn ihr euch das zutraut, könnt ihr tatsächlich zum Mars fliegen."

Toms Augen wurden immer größer, sein Mund öffnete sich leicht.

„Zum Mars? Orbital!", freute er sich. „Dann kann ich endlich meinen Vater besuchen!"

„Zum Mars? Habe ich das richtig gehört?", fragte Stella, die aus dem Wohnmodul angeschwebt kam.

„Du hast es richtig verstanden", strahlte Tom. „Wir dürfen zum Mars fliegen!"

„Zum Mars?", wiederholte Plutinchen und kam an der Bordwand über Toms Kopf angelaufen. „Da kommt ja eine lange Reise auf uns zu. Ich denke, ein halbes Jahr werden wir wohl unterwegs sein. Außerdem brauchen wir dafür ein großes Raumschiff mit viel Treibstoff und vielen Vorräten an Bord. Ein richtiges Marsraumschiff. So eines, mit dem dein Vater geflogen ist."

„Daran hatte ich gar nicht gedacht", raunte Tom nachdenklich. „Aber du hast recht. Das wird eine lange Reise."

„Klingt gar nicht gut", stimmte Stella zu. „Ich meine die Reise, nicht den Mars."

„Major Tom an Bodenkontrolle. Wann trifft das Marsraumschiff hier ein? Und wie lange dauert unser Flug?", fragte Tom.

„Ihr fliegt mit dem Space Racer", antwortete die Stimme.

„Mit dem Space Racer?", wiederholten Tom, Stella und Plutinchen im Chor.

„Ja. Das ist ja der Auftrag", fuhr der Mann fort.

„Aber mit dem Space Racer kann man den Mars nicht erreichen", widersprach Tom. „Zum Mond oder zu einem Kometen, wenn er sich zufällig in die Nähe der Erde verirrt, das ist kein Problem. Doch der Mars ist viel zu weit weg. Selbst wenn er sich auf seiner Umlaufbahn der Erde nähert."

„Ich wette, die Sache hat einen Haken", vermutete Stella. „Stimmt's?"

„Keinen Haken", antwortete der Mann. „Ihr braucht allerdings ein wenig Mut."

„Jetzt wird es spannend", wisperte Tom. „Also los, was habt ihr da unten mit uns vor?"

Der Mann zögerte und begann mit einer Frage: „Wisst ihr, was ein Wurmloch ist?"

„Keine Ahnung", gab Tom zu. „Ich glaube kaum, dass du das Loch in einem Apfel meinst."

Stella schüttelte den Kopf: „Ein Wurmloch? Nie gehört."

„Aber ich weiß es", schnurrte Plutinchen. „Es ist

eine Art Abkürzung durch den Weltraum. Eine schnelle Verbindung zwischen zwei Orten, die weit voneinander entfernt sind."

„Verstehe ich nicht", maulte Stella. „Im Weltall gibt es doch keine Abkürzungen."

„Doch, die gibt es", widersprach Plutinchen. „Der berühmte Physiker Albert Einstein hat schon 1935 darüber nachgedacht, ob es Wurmlöcher geben könnte. Seine Theorie: Ist genügend Energie vorhanden, könnte man damit eine Abkürzung durch den Weltraum erzeugen. So ähnlich wie ein Wurm, der sich mitten durch einen Apfel frisst, statt außen den langen Weg an der Schale entlangzukrabbeln."

„Verstehe", sagte Stella. „So ähnlich wie bei einem Tunnel durch einen Berg: Da ist der Weg ja auch kürzer, als wenn man über den ganzen Berg fahren muss."

„Ein Tunnel durch den Weltraum", grinste Tom.

„Genau", schnurrte Plutinchen. „Man kann sich den langen Weg sparen und erreicht sein Ziel in kürzester Zeit."

„Gut erklärt", meinte die Stimme aus dem Lautsprecher. „Bis vor ein paar Jahren hat man gedacht, dass so etwas nie wirklich klappen könnte. Aber wir haben seit Kurzem die nötige Energie dafür zur Verfügung."

„Mit anderen Worten, wir brauchen keine lange Reise zum Mars zu unternehmen", strahlte Tom.

„Das wäre ja fantastisch!", freute sich Stella.

„Da wäre nur eine Frage", sagte Tom mit nachdenklicher Miene. „Wenn ihr jetzt so ein Wurmloch erzeugen könnt, warum schickt ihr kein großes Raumschiff zum Mars? Warum fragt ihr uns?"

„Stimmt", nickte Stella. „Daran habe ich noch gar nicht gedacht. Habt ihr dieses Wurmloch überhaupt schon einmal eingesetzt?"

Der Mann von der Bodenkontrolle zögerte kurz.

„Ehrlich gesagt haben wir es bislang nur für Versorgungskapseln eingesetzt", erklärte er.

„Das Wurmloch ist nämlich sehr klein. Zu klein für unsere großen Raumschiffe."

„Jetzt verstehe ich", sagte Tom. „Aber unser Space Racer könnte hindurchpassen."

„So ist es, Tom", stimmte der Mann zu.

„Wir werden also die Ersten sein", vermutete Stella. „Wir sind die Versuchskaninchen."

„Nein, das seid ihr nicht", versicherte die Stimme.

„Das Wurmloch funktioniert zuverlässig. Wir können es nur nicht größer erzeugen. Überlegt es euch."

Tom, Stella und Plutinchen sahen sich an.

„Und es ist wirklich nicht gefährlich?", fragte Stella nach.

„Nicht gefährlicher als eure bisherigen Flüge", antwortete der Mann.

„Also doch gefährlich", meinte Tom. „Aber wir kommen zum Mars. Okay, wir sind dabei!"

Aus dem Lautsprecher tönte Beifall. Das gesamte Personal der Bodenstation schien zu applaudieren.

„Na, die freuen sich ja unten auf der Erde", stellte Stella fest.

„Aber wir uns auch", meinte Tom.

„Sehr gut!", freute sich der Mann von der Bodenstation. „Und jetzt habe ich noch eine weniger gute Nachricht für euch."

„Ach, du dickes Mondkalb!", stöhnte Tom. „Die Sache hat also doch einen Haken."

„Bloß das nicht", jammerte Stella. „Was ist es denn?"

„Ihr müsst so schnell wie möglich mit den Vorbereitungen beginnen. Der Space Racer muss betankt werden, eure Ausrüstung muss überprüft werden. Denkt auch an Ersatzakkus für Plutinchen. Und eure Koffer müsst ihr natürlich auch noch packen", sagte der Mann.

„Puh!", schnaufte Stella. „Da haben wir ja noch mal Glück gehabt. Ich dachte schon, ich darf nicht mitfliegen."

„Alle fliegen mit", hörten sie aus dem Lautsprecher. „Na, dann legt mal los!"

Und das taten sie auch. Zunächst stellten sie eine Liste mit allen Gepäckstücken und Ausrüstungsgegenständen zusammen. Dann holten sie die passenden Transportbehälter aus dem Lager und füllten sie. Das war aber gar nicht so einfach.

„Ich brauche noch Socken!", maulte Stella. „Wir müssten doch noch ein paar Kartons Socken im Lager haben! Wo sind die bloß geblieben?"

„Die habe ich doch längst eingepackt", antwortete Tom. „Sag mir lieber, wo diese neuen Taschenlampen sind, die bei dem letzten Frachttransport dabei waren!"

„Keine Ahnung", zischte Stella aufgeregt. „Was willst du denn mit einer Taschenlampe auf dem Mars?"

„Na, was wohl? Leuchten natürlich!", murrte Tom genervt und wühlte in einer großen Transportkiste. „Auch auf dem Mars wird es abends dunkel. Die Ersatzschläuche für den Space Racer sind auch nicht da."

„Die schweben doch über dir", grinste Stella. „Hast zu zufällig mein Astrofon gesehen?"

„Ebenso wenig wie mein Trockenshampoo", antwortete Tom, der fast in der Transportkiste versank. Bald schwebten T-Shirts, Messgeräte, Fischkonserven, Besteck und Wasserflaschen durch die Raumstation. Neben der Luftschleuse zum Space Racer haftete Plutinchen an der Bordwand und schüttelte den Kopf über ihre Freunde. So aufgeregt waren sie lange nicht gewesen.

Flug ins Ungewisse

„Sind wir so weit?", fragte der kleine Major Tom, der wie Stella einen Raumanzug trug und sich angeschnallt hatte.

„Space Racer ist einsatzbereit", antwortete Plutinchen, die es sich in ihrer Sitzschale bequem gemacht hatte.

„Dann können wir mit dem Check beginnen", sagte Stella.

„Major Tom an Bodenkontrolle. Bin bereit zum Check."

Auf einem Monitor vor ihm erschien wie immer eine Checkliste mit mehreren Punkten, die er nun durchgehen und überprüfen musste.

„Treibstoff okay. Sauerstoff okay. Akkus geladen." Es dauerte eine Weile, bis er die Liste durchgesehen hatte. Aber es war alles in Ordnung.

„Major Tom an Bodenkontrolle. Wir sind jetzt startklar."

„Euer Ziel ist noch nicht sichtbar", erklärte die Stimme. Diesmal war es eine Frau. „Die Wurmloch-Generatoren erzeugen das Wurmloch erst, wenn ihr es fast erreicht habt. Die Energie reicht auch nur für ein paar Sekunden. Ich übermittle euch jetzt die genauen Zielangaben."

„Zielangaben erhalten und in den Bordcomputer eingegeben", bestätigte Plutinchen.

„Startfreigabe", sagte die Frau. „Guten Flug!"

„Danke", brummte Tom mit einem mulmigen Gefühl im Bauch. Mithilfe der Steuerdüsen entfernte sich der Space Racer langsam von der Raumstation, um diese beim Start nicht zu beschädigen. Als sie weit genug entfernt waren, überließ Tom dem Bordcomputer den Start. Es dauerte ein paar Minuten, dann zündeten die Triebwerke. Tom, Stella und Plutinchen wurden in ihre Schalensitze gedrückt und konnten sich kaum bewegen.

„Volle Beschleunigung", bemerkte Stella. „Aber ich sehe kein Ziel."

„Aber ich!", rief Tom. „Es sind die Generatoren. Sechs Stück. Die sehen aus wie große Satelliten."

„Ja, jetzt sehe ich sie auch. Sie bilden ein riesiges Sechseck oder einen Kreis", sagte Stella. „Aber wo ist das Wurmloch?"

„Es ist noch nicht da", erklärte Plutinchen. „Habt Geduld."

Das kleine Raumschiff flog immer schneller. Noch immer klebten die Passagiere in den Sitzen.

„Wir sind gleich da", sagte Tom.

In diesem Augenblick bildete sich in dem Kreis, den die Generatoren formten, ein Gebilde, das wie eine große Linse aussah, wie ein Vergrößerungsglas, nur eben viel größer.

„Das Wurmloch! Oh, das wird aber eng. Das ist ja viel kleiner, als ich dachte", hauchte Stella und schloss ihre Augen. Aber ein Knall oder ein spürbarer Zusammenprall blieb aus. Als sie ihre Augen wieder öffnete, sah sie keine Riesenlinse mehr, sondern einen rötlichen Planeten. Sie waren beim Mars angekommen!

„Orbital!", staunte Tom. „Ich habe gar nichts gespürt. Wo ist das Wurmloch geblieben?"

„Es ist längst wieder verschwunden", antwortete Plutinchen. „Die Bodenkontrolle hat es verschlossen, sobald wir es passiert hatten. Um Energie zu sparen. Energie ist nämlich ..."

„Alarm! Nähern uns unbekanntem Objekt. Ausweichmanöver dringend erforderlich", meldete sich in diesem Augenblick der Bordcomputer. „Alarm! Nähern uns unbekanntem Objekt!"

„Ein Asteroid?", fragte Stella und sah auf ihren Monitor.

„Da ist er!", rief Tom und griff zum Joystick. „Das ist ja ein dicker Brocken!"

„Schnell ausweichen!", rief Stella.

„Ein toller Tipp!", erwiderte Tom. „Aber das Programm läuft noch. Der Space Racer reagiert nicht auf den Joystick. Plutinchen, kannst du das Programm beenden?"

„Bin schon dabei. Das Programm scheint einen Fehler zu haben", antwortete die Roboterkatze.

„Mach schnell!", mahnte Stella. „Der Brocken kommt immer näher. Sieht aus wie ein Asteroid. 27 Kilometer lang und 22 Kilometer breit – steht auf dem Display. Jetzt mach schon!"

„Alarm! Nähern uns unbekanntem Objekt. Ausweichmanöver dringend erforderlich", meldete sich erneut der Bordcomputer. „Aufprall steht kurz bevor!"

Vor dem Fenster des Cockpits wuchs der Brocken, der von vielen kleinen Kratern übersät war, darunter ein besonders großer.

„Programm beendet!", rief Plutinchen.

Tom schnappte sich den Joystick und drückte ihn zur Seite. Der Space Racer flog eine enge Kurve und wich im letzten Augenblick dem dicken Brocken aus.

„Puh!", schnaufte Stella. „Das war mal wieder knapp. Das ist wohl typisch für uns. Was macht denn hier ein Asteroid? Hoffentlich stürzt der nicht auf den Mars."

„Keine Sorge", antwortete Plutinchen. „Dieser Asteroid wurde vom Mars vor langer Zeit mit seiner Anziehungskraft eingefangen. Jetzt umkreist der Brocken den Mars – er wurde praktisch zum Mond. Es ist Phobos, der größere der beiden Marsmonde. Der kleinere ist Deimos, ebenfalls ein eingefangener Asteroid."

„Super! Und warum hat uns das niemand gesagt?", beschwerte sich Tom. „Das hätten die von der Bodenkontrolle doch wissen müssen, oder? Ich werde mich gleich mal beschweren. Major Tom an Bodenkontrolle. Bitte melden!"

Eine Antwort blieb aus. Nicht einmal ein Räuspern war zu hören.

„Du hast etwas vergessen", lächelte Stella.

„Du meinst, die haben uns das doch gesagt?", fragte Tom.

„Nein. Du hast vergessen, dass wir jetzt sehr weit von der Erde entfernt sind. Unser Funksignal ist zwar so schnell wie das Licht, braucht aber bestimmt zehn oder fünfzehn Minuten bis zur Erde. Melde dich lieber bei der Marsstation."

Tom machte ein zerknirschtes Gesicht.

„Du hast recht, daran habe ich gar nicht gedacht", gestand er ein und setzte einen neuen Funkspruch ab: „Major Tom an Internationale Marsstation. Bitte kommen!"

Ein paarmal knackste es in den Kopfhörern, dann hörten sie eine freundliche Stimme.

„Hier ist die Internationale Marsstation. Genauso haben wir uns das gedacht! Herzlichen Glückwunsch! Ihr werdet schon sehnsüchtig erwartet. Ich schicke euch die Angaben für die Landung. Unser Landeplatz ist frei."

„Danke", antwortete Tom.

„Die Daten sind eingetroffen", bestätigte Plutinchen. „Wir können mit dem Landeanflug beginnen."

Tom ließ den Joystick wieder los. Ein paarmal umkreiste der Space Racer den Mars, dann zündeten die Bremsraketen. Das kleine Raumschiff verlor an Höhe und trat in die dünne Atmosphäre ein.

„Die Atmosphäre ist so dünn, als würden wir uns auf der Erde in 35 Kilometer Höhe befinden", erklärte Plutinchen. „Das liegt an der geringen Schwerkraft des Mars. Außerdem hat er kein Magnetfeld wie die Erde. Die Atmosphäre ist also nicht vor dem Sonnenwind geschützt. Die Teilchen von der Sonne treffen ungehindert auf die Atmosphäre und zerstören sie."

„Aber heiß wird es trotzdem", meinte Stella.

Wie beim Eintritt in die Erdatmosphäre sorgte die hohe Geschwindigkeit des Space Racers für Reibungshitze. Die Hitzeschutzkacheln an der Unterseite des Raumschiffs glühten. Gleichzeitig wurde es abgebremst. Tom und Stella wurden in die Gurte gepresst. Nach ein paar Minuten war das Gröbste überstanden.

„Den Rest erledigt unser Autopilot", sagte Tom erleichtert. „Der Kurs ist ja programmiert."

„Da liegt die Station!", rief Stella und hob ihre Hand.
Wie die Internationale Raumstation ISS wurde auch
die viel später gebaute Marsstation von mehreren
Nationen betrieben. Hier gab es Amerikaner, Russen,
Deutsche, Chinesen, Japaner, Franzosen und
Raumfahrer aus anderen Ländern. Nur so war die
Station überhaupt zu bezahlen.

„Ein Teil liegt unter dem Marsboden", erklärte
Plutinchen. „Und der hintere Teil der Marsstation
sogar in einer Höhle im Gestein. Dort ist man vor
Einschlägen und vor hoher Strahlung besonders gut
geschützt."

Langsam flogen sie auf die sichtbaren Gebäude zu,
die aus Wohncontainern und Röhren bestanden.
Auch mehrere Gewächshäuser waren zu erkennen.
Keine Marsstadt, aber ein Marsdorf. Nicht weit von
der Marsstation entfernt konnten sie startbereite
Raumschiffe entdecken. Mit ihnen konnten die
Bewohner im Notfall jederzeit den Mars verlassen.

„Der Landeplatz!", rief Stella und zeigte mit
dem Finger auf einen runden Platz, auf den ein
Fadenkreuz gemalt war.

Der Space Racer wurde immer langsamer und setzte schließlich sanft auf dem Landeplatz auf.

Niemand zu Hause?

„Geschafft! Wir sind tatsächlich auf dem Mars!",
jubelte Tom. „Das hatte ich mir immer gewünscht!
Einmal zum Mars! Und jetzt sind wir da! Los, steigen
wir aus!"

Schnell setzten sie noch ihre Helme auf. Denn die
Marsatmosphäre ist zu dünn zum Atmen und ist auch
anders zusammengesetzt als die Luft auf der Erde.
Dann öffnete Tom das Cockpit und ließ die Leiter
ausfahren. Draußen wehte ein kräftiger Wind. Es
war ziemlich ungemütlich, denn der Wind war voller
Staub und Sand. Außerdem dämmerte es.

„Die Sonne wird bald untergehen", sagte Plutinchen.
„Ein Tag auf dem Mars dauert zwar eine halbe
Stunde länger als ein Tag auf der Erde. Aber gleich
wird's auch hier dunkel."

Ganz vorsichtig kletterte Tom auf der Leiter nach
unten. Stella folgte ihm schnell, während Plutinchen
ihre Düsen in den Pfoten benutzte.

Kaum hatte Tom den Boden betreten und den ersten Schritt getan, hüpfte er fast wie auf dem Mond. „Hoppla!", sagte er. „Das hatte ich auch ganz vergessen. Der Mars ist ja nur halb so groß wie die Erde und hat daher auch nur eine viel geringere Schwerkraft."

„Der Mars hat nur ein Zehntel der Masse der Erde", wusste Plutinchen. „Anders gesagt, man bräuchte zehnmal den Mars, um die Masse der Erde zu erhalten."

„Ich dachte, wir werden erwartet?", fragte Stella. „Aber hier ist kein Mensch zu sehen. Oder übertragen die etwa die Fußball-Weltmeisterschaft von der Erde auch zum Mars?"

„Hattest du gedacht, die schwenken Fahnen und spielen Marsmusik?", wunderte sich Tom. „Wir brauchen doch bloß zu dem Eingang zu gehen. Da wird schon jemand sein."

Mit wenigen großen Schritten, die kleinen Sprüngen ähnelten, marschierten Tom und Stella auf die Station zu. Vor ihnen ragte ein großes Tor auf, das in das Marsgestein hineingebaut war.

„Die wissen doch, dass wir kommen", meinte Stella.

„Natürlich wissen sie das", sagte Tom. „Die warten bestimmt drinnen. Hinter der großen Tür."

„Ich finde es ziemlich unheimlich hier", meinte Stella. „Die Sonne geht unter, aber kein Licht brennt. Als wäre die Station verlassen."

„Das ist sie aber nicht", entgegnete Plutinchen. „Ich habe gerade einen Funkspruch von einem Außenteam aufgefangen, das sich verspätet hat."

„Trotzdem", wehrte sich Stella. „Wir erklären uns bereit, durch dieses Wurmloch zu fliegen, und hier warten sie auf ein Außenteam. Wenigstens ein paar Leute hätten uns doch auf der Landeplattform begrüßen können. Wir sind doch die ersten Menschen, die durch so ein Wurmloch geflogen sind."

„Na ja, Licht hätten sie schon machen können", stimmte ihr Tom zu. „Gleich ist es dunkel."

Immer noch standen sie vor dem großen Tor. Auch große Lasten konnten hierdurch in die Station gebracht werden. Kein Licht war zu sehen, nicht einmal eine Signallampe.

„Vielleicht muss man klingeln?", meinte Stella.

„Unsinn", widersprach Tom.
„Bei einer Marsstation gibt
es doch keine Klingel. Hier
kommt doch kein Besuch."
„Wir schon. Und wie kommen
wir dann hinein?", fragte sie.
„Major Tom an Marsstation",
sprach Tom in sein Mikrofon.
„Wir sind gelandet. Bitte öffnet die Tür zum
Landeplatz."
Nichts passierte.
„Besonders gesprächig sind die nicht", meinte Stella.
„Oder hier stimmt wirklich etwas nicht", sagte Tom.
„Langsam finde ich das jetzt auch unheimlich."
„Die schauen Fußball. Wetten?", schimpfte Stella.
„Die sitzen alle vor ihren Monitoren und sehen sich
das Endspiel an."
„Die Station ist bewohnt", versicherte Plutinchen und
sorgte mit ihren Augen für etwas mehr Licht. Tom und
Stella schalteten die Lampen in den Helmen ein.
„Was machen wir jetzt?", fragte Tom. „Wir können
doch nicht einfach wieder zurückfliegen."

„Wir könnten doch vielleicht ...", begann Stella, als sich die Tür langsam öffnete. Viel konnten sie nicht sehen, denn auch hinter der Tür gab es nur ein ganz schwaches Dämmerlicht. Tom trat mit pochendem Herzen ein, blieb aber gleich wieder stehen. Denn vor ihm stand eine riesige Gestalt im Halbdunkel, die einen Raumanzug trug und einen Schritt auf ihn zu machte. Das Gesicht war hinter dem Visier des Helms nicht zu erkennen, denn es war schwarz wie die Marsnacht.

„Tom!", knackte und knisterte es in seinem Helm. Es war nicht nur dunkel, auch die Funkverbindung war gestört. Tom nahm seinen ganzen Mut zusammen und machte seinerseits einen Schritt auf die Gestalt zu: „Wer bist du?"

„Ich bin dein Vater!", antwortete die Gestalt und hob ihre Arme. „Wer soll ich denn sonst sein?"

„Endlich!", rief Tom, nahm seinen Vater in den Arm und drückte ihn.

Nachdem der große Major Tom Stella und Plutinchen begrüßt hatte, fragte der kleine Tom: „Warum kommst du erst jetzt zur Tür?"

„Wir haben in diesem Teil der Station einen Stromausfall", erklärte der große Tom. „Irgendein Computer spinnt und schaltet immer wieder mal den Strom ab. Daher hat es länger gedauert, zur Tür zu kommen. Außerdem musste ich sie von Hand öffnen. Gehen wir rein. Da können wir die Raumanzüge ablegen."

Tom, Stella und Plutinchen folgten ihm ins Innere der Station, in der nur schwache Notlichter glommen. Hinter einer Druckschleuse in einer kleinen Umkleidekabine zogen sie die Raumanzüge aus.

„Das mit dem Wurmloch, das habt ihr wirklich fantastisch gemacht! Bisher sind nur Frachtschiffe auf diese Weise zu uns gekommen. Ihr seid echte Pioniere! Und jetzt seid mir nicht böse, aber ich habe leider im Moment keine Zeit für euch", sagte Toms Vater. „Ich muss mithelfen, die Störung zu finden. Aber Plutinchen hat ja den gesamten Plan der Station im Kopf. Sie kann euch alles zeigen. Wir sehen uns dann in einer Stunde in der Kantine beim Essen."

Während Toms Vater sich auf den Weg machte,

richteten sich die Blicke von Tom und Stella auf die kleine Roboterkatze.

„Du kennst die Station?", fragte Stella ungläubig. „Warst du etwa schon einmal hier?"

„Natürlich nicht", antwortete Plutinchen. „Ich habe die Pläne per Funk bekommen. Daher kenne ich die Station in- und auswendig."

„Dann hast du bestimmt auch gewusst, wie man die Tür öffnet", brummte der kleine Major Tom vorwurfsvoll.

„Das habe ich", antwortete Plutinchen. „Aber das hätte uns wenig genützt. Denkt bitte an den Stromausfall. Und die Kraft, die Tür von Hand zu öffnen, hätten wir nicht aufgebracht. Kommt! Sehen wir uns die Marsstation an!"

Die drei Freunde gingen in einen halbdunklen Gang, eine Art Tunnelröhre, die sie zunächst in einen Lagerraum voller kleiner Behälter und Kisten führte. Hinter der nächsten Tür wurde es plötzlich hell. Der Strom war wieder da.

„Prima", freute sich Stella. „Sieht schon viel freundlicher aus."

„Das ist eines der vier Forschungslabore", erklärte Plutinchen. „Hier wird der Marsboden untersucht. Noch immer hoffen die Forscher, Spuren von Leben zu finden."

„Marsianer? Aliens? Außerirdische?", fragte Tom.

„Nein, nein", schüttelte Plutinchen den Kopf. „Hier geht es nicht um Filme oder Serien. Vor sehr langer Zeit, vor Milliarden von Jahren, könnte es auf dem Mars ganz anders ausgesehen haben als heute. Es könnte Meere und eine dichtere Atmosphäre gegeben haben. Und wie auf der Erde hätte sich Leben entwickeln können."

„Pflanzen und Tiere?", vermutete Stella.

„Naja", antwortete Plutinchen. „Vielleicht auch nur Bakterien, Algen oder Flechten. Wir wissen es noch nicht."

„Aber warum hat sich der Mars denn so verändert?", fragte Tom.

„Der Mars ist ja viel kleiner als die Erde und hat sich nach seiner Entstehung stärker abgekühlt. Wegen seiner geringen Schwerkraft ist die Atmosphäre immer dünner geworden. Sie ist nach und nach ins All verschwunden. Wasser kommt daher an der Oberfläche nicht in flüssiger Form vor. Es verdunstet sofort. Außerdem kann eine so dünne Atmosphäre die Wärme nicht speichern, die von den Sonnenstrahlen stammt. Nachts wird es sehr kalt. Minus 80 Grad sind keine Seltenheit."

„So kalt wie in der Antarktis", nickte Stella. „Ganz miese Bedingungen für Pflanzen und Tiere."

„Es könnte aber sein, dass es im Marsboden Leben gibt", fuhr Plutinchen fort. „Daher bohren die Forscher von der Station an verschiedenen Stellen tiefe Löcher in den Boden."

„Sie könnten also doch noch auf Leben stoßen?", fragte Tom. „Auf Bakterien oder noch unbekannte Formen?"

„Das wäre möglich", sagte Plutinchen.

„Es ist, als würde man an eine fremde Tür anklopfen und hoffen, dass jemand zu Hause ist", meinte Stella.

„Vielleicht haben wir ja Glück", stimmte Tom zu. „Aber jetzt sollten wir erst einmal zur Kantine gehen. Ich habe Hunger und will mich noch mit meinem Vater unterhalten."

„Und ich will meine Kabine sehen", sagte Stella.

„Die befindet sich im nächsten Gang links", wusste Plutinchen. „Aber wundere dich nicht, sie ist nicht sehr groß. Platz ist hier Mangelware. Ein Bett, ein schmaler Schrank, ein Klapptisch. Das ist alles. Dusche und Toilette sind auf dem Gang."

„Das habe ich mir gedacht. Aber unsere Raumstation ist auch kein Luxushotel."

In der Eishöhle

„Hast du gut geschlafen?", fragte Tom, als er am
nächsten Morgen in die Kantine zu Stella und
Plutinchen an den Tisch kam.

„Hab' ich", antwortete Stella. „Die Kabinen sind klein,
aber bequem."

„Du bist also ausgeruht und frisch?", grinste Tom.

„Bin ich. Was ist denn los?", sah sie ihn fragend an.

„Wir dürfen mit einem Marsmobil fahren!", strahlte
Tom sie an.

„Ein Marsauto?", fragte Stella. „So wie das Auto, das wir auf dem Mond gefahren sind?"

„Nein, dies ist natürlich ein modernes Auto", versicherte Tom. „Mein Vater hat es uns gerade erlaubt. Wir dürfen die Umgebung der Marsstation erkunden. Los, kommt mit! Du fährst!"

Das ließen sich Stella und Plutinchen nicht zweimal sagen. Zuerst holten sie ihre Raumanzüge. Dann folgten sie Plutinchen, die natürlich den Weg kannte, zu einer Art Garage, in der mehrere Marsfahrzeuge standen.

„Das rechte Auto", sagte Tom und zeigte auf einen kleinen Rover, der zwei Passagieren Platz bot.

„Und was ist mit Plutinchen?", fragte Stella.

„Ich kann mich auf der kleinen Ladefläche festkrallen", sagte die Roboterkatze.

„Na, dann los!", sagte Tom, öffnete die Tür und stieg ein. Stella folgte ihm, Plutinchen hüpfte auf die kleine Ladefläche.

„Major Tom an Marsstation. Wir sind startbereit", sprach Tom ins Mikrofon.

„Marsstation an Major Tom. Ich öffne das Tor. Ihr

könnt fahren", hörten sie die Stimme von Toms Vater. „Aber nicht weiter als fünf Kilometer. Seid bitte zum Mittagessen wieder zurück."

„Verstanden", versicherte der kleine Major Tom, während Stella den Joystick in die Hand nahm. Das Marsmobil wurde ganz ähnlich wie der Space Racer gesteuert.

Das große Tor, das die drei Marsrover vor Sandstürmen schützte, rollte zur Seite. Draußen erwartete sie eine fremdartige Landschaft. Der Boden hatte eine rötlich gelbe Farbe, auf der Radspuren zu erkennen waren.

„Die waren aber noch nicht oft weg", meinte Tom.

„Und ob die schon oft auf dem Mars unterwegs waren", entgegnete Plutinchen. „Der Wind verweht nur immer die Spuren."

„Dann weißt du ja sicher auch, warum der Boden hier oft so rötlich ist", wollte Stella wissen.

„Der Marsboden ist sehr eisenhaltig", erklärte die Roboterkatze. „Das Eisen kommt in Form von Eisenoxid vor."

„Man könnte auch Rost sagen", wusste Tom.

„Eisenoxid ist weiter nichts als Rost. Weiß ich doch.
Dann ist der Mars also ein völlig verrosteter Planet",
schmunzelte Stella.

„So könnte man es sehen", stimmte ihr Plutinchen zu.

„Wo wollen wir hinfahren?", fragte Stella.

„Dahin, wo die wenigsten Fahrspuren sind",
antwortete Tom. „Nach rechts."

„Dorthin, wo die hohen Felsen sind?", fragte Stella.

„Ganz genau!", nickte Tom.

Stella bewegte den Joystick nach rechts und hielt
auf einen der Felsen zu, die in einiger Entfernung
zu sehen waren. Schroffe, dunkle Felsen, die vor
einem gelben Himmel aufragten. Noch dazu war

die Landschaft in ein fremdes, ungewohntes Licht
getaucht.

„Orbital!", staunte Tom. „Ganz anders als auf der
Erde, aber auch unglaublich schön. Seht euch das
an. Wir sind auf dem Mars. Er rostet zwar vor sich hin,
aber wir sind da."

Stella steuerte das Marsmobil weiter auf die Felsen
zu. Statt des eher sandigen Bodens gelangten sie
jetzt auf einen steinigen Untergrund, auf dem viele
Felsen lagen.

„Fahr bitte etwas langsamer!", mahnte Plutinchen.
„Ich werde hier hinten durchgeschüttelt wie die
Würfel in einem Würfelbecher."

„Schon gut", sagte Stella, „dann fahre ich jetzt nach links. Dort sind weniger Steine."

Stella gab sich große Mühe, nicht zu viele Steine zu erwischen, und fuhr in Schlangenlinien einen Hang hinauf. Als sie oben waren, hielt sie an.

„Eine fantastische Aussicht", sagte sie.

„Ich sehe noch etwas Fantastischeres", fügte Tom hinzu. „Sieh mal nach vorne. Da schimmert doch etwas Weißes."

„Könnte das Eis sein?", fragte sich Stella. „Plutinchen? Gibt es Eis auf dem Mars?"

„Ja, es gibt Eis. Vor allem Trockeneis, also gefrorenes Kohlendioxid", antwortete die Roboterkatze.

„Kohlendioxid? Das ist doch ein Gas? Es wird auch CO_2 genannt. Wir atmen es aus. Wie kann das zu Eis werden?", fragte Tom.

„Es muss nur kalt genug sein", antwortete Plutinchen. „Dann wird Kohlendioxid zu Eis. Die Polkappen des Mars bestehen zum Großteil aus Trockeneis. Es gibt aber im Boden auch Wassereis auf dem Mars."

„Kommt! Das sehen wir uns an!", schlug Tom vor.

„Sollten wir nicht lieber vorsichtig sein?", entgegnete

Stella. „Wir kennen uns noch überhaupt nicht aus auf dem Mars."

„Na, deshalb sind wir ja hier. Wir wollen den Mars kennenlernen. Los, sehen wir uns das Eis an!", widersprach Tom und stieg aus. „Bestimmt ist es erst vor Kurzem freigeweht worden."

„Na gut", stimmte Stella zu und verließ ebenfalls das Marsmobil. Mit großen Schritten gingen sie auf den weißen Stein zu, der aus dem Boden ragte.

„Es könnte wirklich Eis sein", meinte Tom, als sie näherkamen. „Entweder Trockeneis oder Wassereis. Auf dem Mars kommt ja beides vor. Es ist sehr kalt hier. Sieh mal auf dein Astrofon."

„Aber es könnte auch ...", begann Stella, brach aber mitten im Satz ab. Denn unter ihren Füßen gab plötzlich der Boden nach. Stella und Tom stürzten in die Tiefe. Zum Glück nur ein paar Meter; dann hatten sie schon wieder festen Boden unter den Füßen.

„Aua!", rief Stella. „Mein rechter Fuß!"

„Und mein Arm", stöhnte Tom. „Ist dein Raumanzug in Ordnung? Schnell, sieh auf dein Astrofon! Sieh auf die Druckanzeige!"

„Alles in Ordnung. Der Druck ist stabil", antwortete Stella. „Der Anzug ist nicht beschädigt."

„Dann haben wir Glück gehabt", schnaufte Tom, nachdem auch er seinen Anzug überprüft hatte. „Wo sind wir?"

Erst jetzt schalteten Tom und Stella ihre Helmlampen ein, obwohl von oben etwas Tageslicht nach unten gelangte. Das Loch über ihnen war jedoch erstaunlich klein. Hier und da schimmerte es weiß.

Der Boden unter ihren Füßen bestand aus Sand und Steinen.

„Wir sind in einer Höhle", stellte Stella fest. „In einer Höhle voller Eis. Das weiße Zeug ist doch Eis, oder? Vielleicht sind es die Reste von einem alten Gletscher?"

„Das kann schon sein. Die Marsstation nutzt dieses Eis für ihre Wasserversorgung", sagte Tom.

„Diese Eishöhle haben sie dabei wohl übersehen", meinte Stella. „Na ja, verdursten werden wir jedenfalls nicht."

„Um es trinken zu können, müssten wir es aber erst schmelzen", schüttelte Tom den Kopf. „Und dann auch noch unsere Helme abnehmen."

„Das war nicht wörtlich gemeint", entgegnete Stella. „Lass uns lieber überlegen, wie wir hier wieder rauskommen. Laut zu schreien, hat ja wohl keinen Sinn."

„Wohl kaum", antwortete Tom. „Die Luft hier ist so dünn, dass sie den Schall nicht so überträgt wie die Luft auf der Erde. Und unsere Helme dürfen wir ja auch nicht absetzen!"

„Stimmt genau", meldete sich Plutinchen zu Wort, die in diesem Augenblick durch das Loch in die Höhle geschwebt kam. „Selbst wenn ihr ohne Helme wärt und schreien könntet, würde man diesen Schrei nur etwa 16 Meter weit hören. Eure Stimmen würden auch ganz anders klingen als auf der Erde. Um Hilfe zu schreien, ist also keine Lösung."

„Wir brauchen ja auch gar nicht zu schreien", wandte Stella ein, „denn wir haben ja Funkgeräte."

„Dann rufe ich einfach meinen Vater zu Hilfe."

„Auch das wird nicht gehen", widersprach Plutinchen, die zwischen den beiden Freunden gelandet war. „Von hier unten kommen die Funksignale nicht durch."

„Aber du kannst doch von oben funken?", wunderte sich Stella. „Du kannst ja fliegen."

„Das hast du gut beobachtet", sagte die Roboterkatze.

„Aber wir sollten uns gut überlegen, ob wir tatsächlich um Hilfe bitten sollten", meinte Tom nachdenklich. „Unsere Anzüge sind in Ordnung, wir sind nicht verletzt."

„Na ja, mein Fuß tut weh", maulte Stella. „Was würdest du denn machen?"

„Ich weiß", brummte Tom. „Wir sollten aber versuchen, ohne Hilfe aus dieser Eishöhle zu kommen. Und wenn wir es geschafft haben, sollten wir nicht viele Worte darüber verlieren. Sonst lassen sie uns nie wieder mit dem Marsmobil fahren. Jedenfalls nicht alleine."

„Stimmt", nickte Stella. „Daran hatte ich gar nicht gedacht. Aber wie sollen wir das machen? Die Wände sind viel zu steil und das Loch ist zu hoch. Und eine Leiter haben wir nicht."

Tom und Stella beleuchteten mit ihren Helmlampen die Wände der Höhle. Vergeblich. Es gab keine Möglichkeit, irgendwo hinaufzuklettern. Hier und da rieselten Sand und Steinchen nach unten.

„Wir sitzen in der Falle", meinte Tom. „Diese Höhle hat keine stabilen Wände. Ich fürchte, sie könnte sogar einstürzen. Wie die Decke über uns. Wir brauchen wohl doch Hilfe."

„Oder ein Seil", schlug Plutinchen vor. „Das haben wir nämlich an Bord des Marsmobils. Es ist ein dünnes Drahtseil zum Abschleppen, aber lang genug."

„Was?", rief Stella. „Und das sagst du erst jetzt?"

„Ich dachte eigentlich, dass ihr selbst auf die Idee gekommen wärt", entgegnete Plutinchen. „Das Seil müsstet ihr doch beim Einsteigen gesehen haben."

Tom und Stella sahen sich kurz an und nickten.

„Haben wir", gestand Stella ein. „Es befindet sich hinter der Fahrerkabine."

„Also gut", sagte Plutinchen. „Dann fliege ich jetzt zurück und befestige das Seil am Marsmobil. Das andere Ende lasse ich dann zu euch in die Höhle hinab. Ihr klettert dann nacheinander nach oben. Seid ihr bereit?"

„Sind wir", antwortete Tom, auch wenn ihm sein linker Arm noch immer wehtat.

Stella nickte, obwohl sie ihren Fuß spürte. Aber es war wahrscheinlich nichts Schlimmes.

Plutinchen hob vom Boden der Höhle ab und flog mit ihren Düsenpfoten nach oben. Es dauerte nicht lange,

dann kam auch schon das dünne Drahtseil durch die
Öffnung.

„Du zuerst", sagte Tom.

„Von mir aus", stimmte Stella zu, nahm das Seil fest
in beide Hände und stützte sich mit den Füßen an der
Höhlenwand ab. „Zum Glück wiegen wir hier nicht so
viel."

Kaum hatte sie den ersten Meter geschafft, lösten
sich Steine von der Decke und fielen in die Höhle.
Von den Wänden rieselte Dreck nach unten. Ein Stein
landete genau auf Toms Helm.

„Du musst vorsichtiger sein!", mahnte Plutinchen von
oben.

„Du bist witzig", erwiderte Stella. „Irgendwo muss ich
mich ja abstützen. Und oben scheuert das Seil."

Mit möglichst wenigen Bewegungen zog sie sich
langsam am Seil hoch. Dennoch rieselten immer
mehr Sand und Steine nach unten. Sogar ein paar
große waren dabei. Tom musste zur Seite springen.
Dafür vergrößerte sich das Loch in der Decke der
Höhle. Es wurde unten hell, aber ungemütlich.

„Beeil dich!", rief Tom. „Die Höhle stürzt ein!"

„Bin schon oben!", erwiderte sie und schwang sich über den Rand der Öffnung. Wieder fielen große Steine nach unten. Tom hatte gerade zum Seil gegriffen, als ihm ein Gedanke durch den Kopf schoss.

„Das Eis!", rief er. „Ich hole schnell noch ein Stück! Vielleicht ist dies eine neue Wasserquelle für die Station!"

„Nicht!", entgegnete Stella. „Das ist zu gefährlich! Komm sofort nach oben!"

Aber Tom hatte das Seil längst wieder losgelassen und war zu der weißen Masse gesprungen. Er hob einen mittelgroßen Stein vom Boden auf und schlug damit ein Stück von dem Eis ab. Hinter ihm begann es, Steine zu regnen.

„Tom!", rief Stella.

„Bin schon unterwegs", war die Antwort.

Tom stopfte sich das Eisstück in eine Seitentasche des Raumanzugs und sprang zu dem Seil. Mit kräftigen Griffen zog er sich hoch, ohne auf die beängstigenden Geräusche aus der Höhle zu achten.

„Schnell!", rief Stella von oben.

Und Tom war schnell – wobei ihm die geringe Schwerkraft half. Er kam fast aus dem Loch geflogen, machte noch zwei Riesenschritte und war in Sicherheit.

„Die Höhle!", schrie Stella und zeigte mit dem Finger auf eine Staubwolke, die über dem Loch schwebte.

„Das macht nichts", pustete Tom. „Die haben bestimmt Bohrer und Bagger."

„Das meine ich nicht!", schimpfte Stella. „Das hätte auch schiefgehen können. Du wärst fast verschüttet worden."

„Es war das Eis", bat er um Nachsicht. „Ich wollte ein Stück von dem Eis haben."

„Das verstehe ich ja", sagte Stella.

„Aber deine Gesundheit ist wichtiger."

„Wo hast du das Eis?", fragte Plutinchen.

„Hier", antwortete Tom und zog das Stück aus der Tasche.

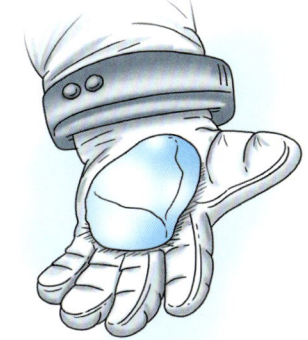

„Bei dem geringen Druck löst es sich schnell auf",
meinte die Roboterkatze. „Wir packen es in eine
der Boxen, die im Marsmobil sind, und fahren sofort
zurück. Aber vorher klopft ihr eure Raumanzüge ab.
Sonst merkt jeder, dass ihr im Marsstaub gebadet
habt."
„Ein guter Vorschlag", lächelte Stella.

Stella findet Leben auf dem Mars

„Leben auf dem Mars haben wir nicht entdeckt, aber immerhin eine tolle Eishöhle", freute sich Tom, als er in die Kantine kam. „Das Eisstück haben die Forscher sofort untersucht."

„Die Höhle war also tatsächlich unbekannt?", fragte Stella. „Dabei ist die doch gar nicht so weit weg von der Station."

„Aber sie war ja unsichtbar, bevor ihr zufällig einen Zugang geschaffen habt", schnurrte Plutinchen belustigt.

„Es war also doch eine gute Tat", strahlte Tom.

„Hast du deinem Vater alles erzählt?", fragte Stella.

„Habe ich", antwortete Tom. „Ich fliege doch nicht als erster Mensch durch ein Wurmloch zum Mars, um dort meinen Vater zu belügen. Ich habe allerdings die Geschichte etwas weniger spannend erzählt, als sie eigentlich war. Das ist erlaubt. Sonst macht er sich zu viele Sorgen."

„Was hat er gesagt?", wollte Stella wissen.

„Er hätte sich das Eis auch angesehen", berichtete Tom. „Schon allein aus Neugier. Und Neugier, hat er erklärt, ist menschlich und wissenschaftlich zugleich."

„Na klar, wir sind doch auch Forscher", strahlte Stella. „Nicht nur die Großen. Was die können, das können wir auch."

„Nicht alles", gab Plutinchen zu bedenken. „Aber doch eine ganze Menge."

„Was passiert nun?", fragte Stella.

„Wir hatten natürlich recht", antwortete Tom. „Vielleicht kann man das Eis als Wasservorrat nutzen. Es könnten tatsächlich Reste eines alten Gletschers sein, der unter dem Marsboden überdauert hat. In ein paar Tagen wissen wir mehr. Was gibt es zu essen?"

„Nudeln mit Tomatensoße", grinste Stella.

„Also los, lasst uns etwas essen", freute sich Tom. „Vielleicht finden wir ja später noch Leben auf dem Mars."

„Ich habe Leben auf dem Mars entdeckt!", sprang Stella plötzlich auf.

„Du hast Leben entdeckt?", staunte Tom mit großen

Augen. „Du ganz allein? Während ich bei meinem Vater war? Wo denn?"

„Im Gewächshaus!", lachte Stella. „Komm mit. Ich zeige es dir. Wir essen später."

„Sehr witzig", schnaufte Tom und folgte ihr.

„Was ist daran witzig?", fragte Plutinchen auf dem Weg in eines der Gewächshäuser. „Sie hat doch gelogen, oder?"

„Das hat sie", erklärte Tom. „Aber nicht, um mich wirklich zu belügen, sondern um mich aufs Glatteis zu führen."

„Das verstehe ich nicht", ärgerte sich die Roboterkatze. „Warum aufs Glatteis?"

„Das ist so eine Redensart", fuhr Tom fort. „Sie wollte mich ein bisschen ärgern. Aber liebevoll ärgern. Mich auf die Schippe nehmen."

„Das verstehe ich nicht", wiederholte Plutinchen.

„Aber ich", sagte Tom. „So schlau du auch bist dank deines Computergehirns und deiner künstlichen Intelligenz, aber Humor ist nichts für dich."

„Das verstehe ich nicht", wiederholte sie erneut.

„Das kannst du auch nicht", versuchte Tom ihr zu erklären. „Humor ist etwas typisch Menschliches und selbst für uns schwer zu verstehen. Humor lässt sich nicht programmieren. Das Wissen über den Mars schon, aber die Witze über den Mars nicht. Jedenfalls kannst du nicht darüber lachen. Das können nur wir."

„Schade", sagte Plutinchen.

„Das macht nichts", tröstete Tom sie. „Dafür kannst du andere Dinge und brauchst keinen Raumanzug. Und unser Freund bist du auch ohne Humor."

„Hört auf zu quatschen und seht euch das an!", rief Stella, als sie die Tür zum Gewächshaus öffnete. „Hier wachsen Kartoffeln und Tomaten. Die Tomatensoße wurde aus diesen Marstomaten gemacht."

In einer kleinen Halle standen die Pflanzen, die von einem Roboter gepflegt wurden. Es sah fast aus wie ein Gewächshaus auf der Erde. Nur eben viel moderner. Wasser, Temperatur, Luftdruck und Nährstoffe wurden mithilfe von Messfühlern immer genau kontrolliert.

„Die ganze Nahrung, die hier angebaut wird, muss nicht von der Erde geliefert werden", erklärte Stella. „Das spart Kosten und so ist die Marsstation auch etwas unabhängiger, falls sich mal ein Transport mit Lebensmitteln verspätet."

„Orbital!", staunte Tom. „So groß hatte ich mir das nicht vorgestellt. Da wachsen ja auch Karotten und Bohnen. Daher also das gute Essen in der Kantine."

„Dort gibt es auch Space Tea", meldete sich Plutinchen zu Wort, die nichts zu essen und zu trinken benötigte, sondern nur Strom und Treibstoff.

„Perfekt", freute sich Stella.

„Am besten passen allerdings Tomaten zum Mars",
schmunzelte Tom.

„Warum denn das?", wunderte sich Stella.

„Na, weil der Mars auch der rote Planet genannt
wird", lachte Tom.

„Stimmt!", lachte Stella.

„Das verstehe ich nicht", maulte Plutinchen.

„Macht nichts", lächelte Tom. „Kommt, sehen wir uns
das Gewächshaus noch weiter an."

Der kleine Major Tom

Logbuch

Gefährliche Reise zum Mars // Eintrag 1

Albert Einstein war schon ein schlauer Kopf. Zusammen mit seinem Kollegen Nathan Rosen, ebenfalls ein Physiker, hat er sich das Wurmloch ausgedacht. Damals wurde es allerdings Einstein-Rosen-Brücke genannt. Ich habe lange über den abenteuerlichen Flug durch das Wurmloch nachgedacht. Deshalb habe ich noch einmal im Internet nachgelesen, was es damit auf sich hat. Dabei bin ich auf eine Seite aus dem Jahr 2018 gestoßen, in der genau beschrieben wird, was man damals darüber wusste. Da heißt es: „Wurmlöcher sind reine Theorie, also nur eine spannende Idee. Man weiß überhaupt nicht, ob es sie jemals in Wirklichkeit geben könnte." In dem Text heißt es weiter, dass man durch ein Wurmloch – wenn es das doch eines Tages wirklich geben sollte – immer nur zu sehr weit entfernten Orten im Universum fliegen könnte. Also zu Orten, zu denen man sonst viele Millionen Jahre unterwegs wäre. Aber der Flug durch ein Wurmloch für die viel kürzere Strecke zum Mars?

Das schien sehr unwahrscheinlich. Nun ja, glücklicherweise ist seitdem ja viel Zeit vergangen ...

 Gefährliche Reise zum Mars // Eintrag 2

Zum Thema „Wurmloch und Apfel": Stella und ich haben noch ein Apfel-Experiment gemacht. Was passiert mit einem Apfel auf der Marsoberfläche? Er verdampft. Weil er zu großen Teilen aus Wasser besteht, tritt das Wasser im luftleeren Raum aus dem Apfel aus. Da kein Luftdruck herrscht, kocht der Apfel sozusagen. Das Wasser geht in einen anderen Zustand über, es wird zu Gas. Der Apfelrest ohne Wasser wird tagsüber von den Sonnenstrahlen erhitzt, nachts gefriert das Ganze. Hm, na ja, nicht so richtig lecker ...

 Gefährliche Reise zum Mars // Eintrag 3

Der Mars braucht länger als die Erde, um die Sonne einmal zu umkreisen. Seine Bahn ist ja auch viel länger. Daher benötigt er 687 Erdentage, also fast zwei Erdenjahre.

Auch auf dem Mars gibt es Jahreszeiten. Weil ein Jahr auf dem Mars – im Vergleich zur Erde – doppelt so lange dauert, dauern auch die Jahreszeiten zweimal so lange wie bei uns. Trotz der dünnen Atmosphäre gibt es immer wieder einmal ein paar Wolken, aus denen es auch schneien kann. Das hätte ich gerne mal erlebt.

Gefährliche Reise zum Mars // Eintrag 4

Lange Zeit waren die Menschen davon überzeugt, dass der Mars von intelligenten Lebewesen bewohnt ist: von Marsmenschen oder Marsianern. Ende des 19. Jahrhunderts glaubten einige Astronomen, Kanäle auf dem Mars entdeckt zu haben. Gebaut von Marsmenschen. Der berühmte deutsche Mathematiker Carl Friedrich Gauß wollte sogar riesige Spiegel bauen, um den Marsianern Botschaften zu senden. Manche Astronomen wollten diese Spiegel auf der Spitze des Eiffelturms mitten in Paris montieren. Aber das sind nur ein paar von sehr vielen Vorschlägen. Sie zeigen, wie sicher die Menschen waren, dass der Mars bewohnt ist. Erst Mitte des 20. Jahrhunderts war klar, wie unwirtlich der Mars tatsächlich ist. Jetzt ist er ja tatsächlich bewohnt, zumindest von Wissenschaftlern und Forschern.

 ## Gefährliche Reise zum Mars // Eintrag 5

In dem berühmten Buch „Gullivers Reisen", das Jonathan Swift 1726 geschrieben hat, werden dem Schiffbrüchigen Lemuel Gulliver von einem Astronomen zwei Marsmonde gezeigt. Dabei wurden die beiden Marsmonde erst über 100 Jahre später (nämlich 1877) von dem amerikanischen Astronomen Asaph Hall entdeckt. Jonathan Swift hat seine Geschichte also sehr gut erfunden.

„Das Universum ist groß, die Erde unser Zuhause."

Peter Schilling

Die Kreativ-Crew rund um den kleinen Major Tom

Bernd Flessner ...

... hat am 24.11.1957 Geburtstag. Er wurde in Göttingen geboren, ist aber am Meer aufgewachsen. Seine Lieblingsfarbe ist Rot. Am liebsten schreibt er Bücher für Erwachsene und Bücher für Kinder. Wenn er mal gerade nicht schreibt, dann kocht er. Sein Lieblingsgericht ist selbst gemachte Lasagne. Bernd Flessner ist ein begeisterter Zukunftsforscher, ihn interessiert alles, was mit Raumfahrt und Weltall zusammenhängt. Sein größter Wunsch wäre es, einmal zum Mars zu fliegen (und zurück natürlich, damit er von seinem Abenteuer berichten kann).

Stefan Lohr ...

... hat am 5.5.1972 Geburtstag. Er wurde in Leutkirch geboren und lebt heute in Ravensburg. Seine Lieblingsfarbe ist Blau. Und am liebsten illustriert er Bücher für Kinder. Wenn er Zeit hat, dann fährt er gern Achterbahn. Am liebsten mit Doppellooping. Sein größter Wunsch wäre es, einmal mit Major Toms Space Racer ein paar Loopings im Weltall zu drehen.

Peter Schilling

Wer kennt nicht „Major Tom (völlig losgelöst)" und hat
dazu schon mal ordentlich abgetanzt?
Der Sänger und Songschreiber Peter Schilling, von dem dieser
und noch viele andere Songs stammen, hatte die geniale Idee,
die Geschichte aus dem weltbekannten Lied weiterzuerzählen –
und zwar als Geschichte für Kinder.
Er ist, wie er sagt, im Herzen ein Kind geblieben und hat so
die Idee zum kleinen Major Tom, Stella und Plutinchen gehabt.
Und weil er den Autor und Weltraumfan Bernd Flessner
kennengelernt hat, sind daraus Geschichten entstanden.
Peter Schilling möchte gerne, dass Kinder die Möglichkeit bekommen,
so viel wie möglich über unsere Welt und das Universum zu erfahren.
Deshalb tauscht er sich gerne vor seinen Konzerten mit Kindern
über das spannende Thema Weltraum aus.

Bisher erschienen:

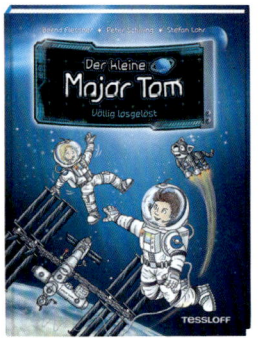

Band 1: Völlig losgelöst
ISBN 978-3-7886-4001-9

Band 2: Rückkehr zur Erde
ISBN 978-3-7886-4002-6

Band 3: Die Mondmission
ISBN 978-3-7886-4003-3

Band 4: Kometengefahr
ISBN 978-3-7886-4004-0

Band 5: Gefährliche Reise zum Mars
ISBN 978-3-7886-4005-7

So geht's weiter:

Band 6: Abenteuer auf dem Mars
ISBN 978-3-7886-4006-4

Auf dem Mars wird es nicht langweilig!
Das merken auch der kleine Major Tom, Stella
und Plutinchen, als sie den roten Planeten
erkunden.
Dabei geraten sie in einen gefährlichen Sandsturm.
Jetzt müssen die drei Freunde schnell
etwas unternehmen …

Band 7: Außer Kontrolle!
ISBN 978-3-7886-4007-1

Wenn das mal gut geht! Der kleine Major Tom,
Stella und Plutinchen nehmen Abschied vom
Mars. Beim Landeanflug auf die Bodenstation
gerät der Space Racer außer Kontrolle. Und dann
funktioniert auch noch Plutinchens Speicherchip
nicht mehr richtig …
Wird sie je wieder mit ins All fliegen können?

Band 8: Verloren im Regenwald
ISBN 978-3-7886-4008-8

Auf in den Dschungel! Tom, Stella und Plutinchen
erforschen mit ihrem Freund Daniel den faszinie-
renden Regenwald.
Doch auf einmal fehlt einer von ihnen. Werden die
Freunde auch dieses
Abenteuer meistern?

Band 1 bis 4 als Hörspiel-CD:

Völlig losgelöst
ISBN 978-3-7886-4101-6

Rückkehr zur Erde
ISBN 978-3-7886-4102-3

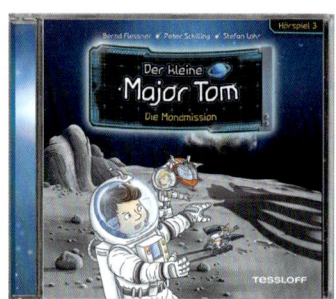

Die Mondmission
ISBN 978-3-7886-4103-0

Kometengefahr
ISBN 978-3-7886-4104-7